Inhalt

Technische Textilien - Bedeutung für andere Industriezweige nimmt zu

Markus Hofstetter

Kernthesen

- Die deutschen Textilhersteller machen rund 50 Prozent des Umsatzes mit technischen Textilien.
- Während die Hersteller technischer Textilien 2011 noch ein hohes Umsatzplus verzeichneten, mussten sie 2012 ein Erlösminus hinnehmen.
- Die deutschen Hersteller technischer Textilien nehmen auch europaweit Spitzenpositionen ein.

Beitrag

Deutsche Hersteller von technischen Textilien mit Umsatzminus in 2012

Die deutsche Textil- und Bekleidungsindustrie verzeichnete 2012 laut dem Gesamtverband Textil+Mode einen Gesamtumsatz von 16,99 Milliarden Euro. Dies entspricht einem Minus von einem Prozent gegenüber dem Vorjahr. 2011 hatten die deutschen Textil- und Bekleidungshersteller noch ein Erlösplus von 7,1 Prozent auf 17,24 Milliarden Euro erwirtschaftet. Während die Bekleidungsanbieter 2012 ein Plus von 0,8 Prozent auf 7,05 Milliarden Euro verzeichneten, reduzierte sich bei den Textilanbietern der Umsatz um 2,3 Prozent auf 9,94 Milliarden Euro. Vom Textilerlös entfallen 50 Prozent auf den Umsatz mit technischen Textilien, anderen Angaben zufolge sind es bereits 60 Prozent.

Auch die Hersteller von technischen Textilien verzeichneten 2012 einen Umsatzrückgang, dieser belief sich laut Textil+Mode auf knapp zwei Prozent. Ausgehend vom Rekordjahr 2011 mit einem Umsatzplus von über 19 Prozent ist dieser Rückgang noch relativ zu betrachten. Damit zeigt sich auch, dass mit der zunehmenden Vernetzung mit anderen Branchen auch der Textilsektor mehr und mehr zu einer zyklischen Branche wird und insbesondere als Zulieferer anderer Industrien von der gesamtwirtschaftlichen Konjunktur abhängt.

Einer Umfrage der Zeitschrift TextilWirtschaft unter Anbietern technischer Textilien unterstreicht die negative Entwicklung des Jahres 2012. Danach liegen die Erlöse bei 61 Prozent der befragten Unternehmen unter denen des Jahres 2011, genauso viele sagen, ihre Erträge seien im vergangenen Jahr gesunken. Negativen Einfluss auf das Geschäft der Textilhersteller hatten die hohen Energie- und Rohstoffpreise, die wohl auch 2013 nicht abnehmen werden. Trotzdem blicken die Textilhersteller verhalten optimistisch in die Zukunft. So rechnen 42 Prozent im laufenden Jahr mit höheren Erlösen.

Die Bedeutung von technischen Textilien für die deutsche Industrie wird deutlich, indem man den Umsatzanteil auf europäischer Ebene vergleicht. Der Anteil technischer Textilien an der Produktion der europäischen Textilindustrie liegt bei über 25 Prozent. Auch weltweit kommt technischen Textilien eine steigende Bedeutung zu. Denn mittlerweile stehen sie mit einer Produktion von 22 Millionen Tonnen für 27 Prozent der weltweiten Textilproduktion. (1), (2), (3),

Überblick über die Entwicklung technischer Textilien im Ausland

Wie sieht es mit der Entwicklung von technischen Textilien in anderen Ländern aus? Ungebrochen ist das Wachstum für technische Textilien in China. Das chinesische Amt für Statistik registrierte 2012 steigende Exporte und einen gestiegenen inländischen Absatz. So erhöhte sich 2012 die Produktion von Vliesstoffen um mehr als 23 Prozent auf über 2,3 Millionen Tonnen. Die langsame Erholung der weltweiten Wirtschaft im letzten Jahr wirkte sich jedoch uneinheitlich auf die Exporte aus. Während der Export von Industrietextilien in die USA anstieg, er nach Asien und Europa zurück.

Positiv ist die Perspektive für technische Textilien in Indien. Die Produktion von Textilien und Bekleidung soll laut dem indischen Textilministerium bis 2017 jährlich um über elf Prozent steigen. Für das Segment der technischen Textilien strebt die Regierung sogar eine Verdreifachung der Produktion von derzeit rund 13 auf 36 Milliarden Dollar an, ein jährliches Wachstum von rund 20 Prozent. Die indische Regierung plant dazu den Aus- und Aufbau sogenannter Centers of Excellence (COE), Forschungseinrichtungen für indische Anbieter technischer Textilien.

In den USA entwickeln sich laut Aussage des Verbandes IFAI (Industrial Fabrics Association International) die Automobilbranche, die Energiewirtschaft und der Luftfahrtsektor als Absatzmärkte für technische Textilien wieder stärker. Interessant ist die verstärkte Nutzung von Nanotechnologie, Smart Textiles und Biomaterialien.

Russland ist für die Hersteller technischer Textilien oft noch ein unbeschriebenes Blatt. Doch laut dem russischen Wirtschaftsministeriums wächst die russische Textilindustrie dank einer Verlagerung der Produktion hin zu synthetischen Fasern und technischen Textilien. Bemerkenswert ist die Abhängigkeit der russischen Industrien vom Import. Laut einer Studie des GTAI (Germany Trade & Invest) deckt die russische Produktion nur etwa 17 Prozent des Bedarfs an technischen Textilien. Dabei wird der Bedarf laut russischer Regierung in den nächsten fünf Jahren zweistellig wachsen.

In Frankreich machen technische Textilien fast 40 Prozent der gesamten Textilproduktion aus. Dies entspricht einem Umsatz von 5,4 Milliarden Euro. Zu den Anwendungen mit den größten

Erfolgsaussichten zählen in dem Land medizinische und biomedizinische Anwendungen, Kosmeto-Textilien, Schutz- und Sicherheitstextilien, neue Werkstoffe im Transportwesen und textile Membranen. Hinzu kommen textile Materialien mit integrierten Funktionen oder elektronischen Elementen, sogenannte intelligente Textilien. (3), (4)

Deutsche Hersteller technischer Textilien auch europaweit führend

Die Bedeutung von technischen Textilien für die deutsche Textilindustrie zeigt sich auch in der aktuellen Rangliste der größten Produzenten. Von den zwölf größten Textilherstellern Deutschlands sind elf auch im Bereich technischer Textilien tätig. Wer sind die größten Hersteller technischer Textilien in Deutschland?

Die Aunde Group führt auch 2011 das Ranking mit einem Jahresumsatz von 1,6 Milliarden Euro an. Das Unternehmen mit den Marken Aunde, Isringhausen und Esteban ist auf die Produktion von Garnen, technischen Textilien, Sitzbezügen aus Stoffen und Leder sowie auf die Fertigung von Komplettsitzen für Automobilhersteller spezialisiert. Aunde unterhält über 80 Werke in 25 Ländern. Mit rund einer Milliarde Euro Umsatz steht die Daun-Gruppe auf dem zweiten Platz. Es folgen Freudenberg Nonwovens mit einem Umsatz von 664 Millionen Euro und die Borgers Gruppe mit einem Umsatz von 618 Millionen Euro. Ein hohes zweistelliges Plus in Höhe von 27,5 Prozent verbuchte die fünftplatzierte Erwo Holding AG, der Umsatz belief sich 2011 auf 594 Millionen Euro. Der Vliesstoffhersteller Sandler AG hat seinen Jahresumsatz im Vergleich zum Vorjahr um 18,2 Prozent gesteigert. Das auf technische Textilien und Vliesstoffe spezialisierte Unternehmen erlöste 240 Millionen Euro. Der Umsatz des Unternehmens hat sich in den letzten fünf Jahren mehr als verdoppelt. Gemessen an seiner Größe steht Sandler auf Platz zehn der größten Vliesstoffhersteller weltweit.

Auch auf europäischer Ebene spielen die deutschen Hersteller technischer Textilien ganz vorne mit. Auf Platz eins des Europa-Rankings für 2011 steht die Aunde-Gruppe. Auf Platz zwei folgt Coats mit Erlösen von 1,2 Milliarden Euro, der britische Garnhersteller erhöhte den Umsatz um 2,3 Prozent. Auf Rang drei folgt mit der Daun-Gruppe wieder ein deutsches Unternehmen. In den Top Ten sind mit Freudenberg Nonwovens, Rang sechs, der Borgers-Gruppe, Rang acht sowie der Erwo-Holding auf Platz neun drei weitere deutsche Hersteller zu finden. (6), (7), [Abb. 1]

Fallbeispiele

Im Rahmen der Fallbeispiele sollen zwei Aspekte beleuchtet werden. Im ersten Fall wird mit Sandler ein deutscher Hersteller von technischen Textilien unter die Lupe genommen. Im zweiten Fall wird mit Berufs- und Arbeitsschutzbekleidung ein wichtiges Segment innerhalb der technischen Textilien näher betrachtet.

Sandler mit weiterem Umsatzwachstum im Geschäftsjahr 2012

Der Vliesstoffhersteller Sandler AG hat von 2011 auf 2012 den Umsatz um drei Prozent auf 247 Millionen Euro gesteigert. Damit hat das Unternehmen zum sechsten Mal in Folge ein Erlösplus erzielt. Dabei konnten alle Marktsegmente, in denen Sandler aktiv ist, Anstiege verbuchen. Die Mitarbeiterzahl wuchs um weitere 20 auf 570 Beschäftigte an. Das Unternehmen investierte am Standort Schwarzenbach 6,5 Millionen Euro in eine neue Meltblown-Produktionsanlage, die die Kapazitäten für die Herstellung textiler Filtermedien erhöht.Einer der Schwerpunkte von Neuentwicklungen bei Sandler ist der Bereich Automobil. Auf der Messe Techtextil 2013 hat das Unternehmen ein breites Spektrum an Faserabsorbern aus der sawasorb-Serie ausgestellt.

Dabei sind die sortenreinen Werkstoffe nicht nur selbst recycelbar, sondern werden zum Teil auch aus Recyclingfasern hergestellt. In Außenanwendungen, beispielsweise im Motorraum, verlangsamen die Absorbervliese die Abkühlung des Motors und angeschlossener Aggregate. Als Schallisolatoren mindern die Vliesstoffe das Geräuschfeld des Motors und dämpfen Fahrgeräusche. Zu den Neuentwicklungen in diesem Bereich zählen Faserabsorber, die zu permanent hydrophoben Formteilen für Außenanwendungen verarbeitet werden können, die resistent sind gegen Motorraumflüssigkeiten und andere Einflüsse. Auch für die Sitzunterpolsterung präsentierte Sandler mit leichtgewichtigen Vliesstoffen Alternativen. Sie sind atmungsaktiv und besitzen ein gutes Rückformvermögen, gute Dehnungseigenschaften sowie gute Stauchhärte. Speziell in Ledersitzen stabilisieren Vliesstoffe das Obermaterial, verhindern dessen Überdehnung und somit die Bildung von Sitzfalten. (8), (9)

Das Segment Berufs- und Schutzbekleidung entkommt Wirtschaftskrise

Die Umsatzrangliste der deutschen Lieferanten von

Berufs- und Arbeitsschutzbekleidung enthält 2012 die Daten von 91 Unternehmen. Nachdem es im Zuge der Wirtschaftskrise im Jahr 2009 zu Umsatzeinbrüchen in vielen Bereichen der Berufskleidungsbranche kam, zeigt die Branche seit 2011 wieder eine Erholung. Für 2012 konnten 44 Prozent der gelisteten Unternehmen Umsatzsteigerungen um durchschnittlich zwölf Prozent verbuchen, bei zwölf Prozent blieben die Umsätze konstant. Insgesamt stieg der Umsatz der gelisteten Unternehmen von 2011 auf 2012 um fast elf Prozent von 1,12 auf 1,24 Milliarden Euro. Auf Platz eins liegt Uvex Safety Textiles mit einem Umsatz von 238,6 Millionen Euro. Nur noch ein weiteres Unternehmen erwirtschaftet einen Umsatz im dreistelligen Millionenbereich. Mit 100 Millionen Euro Umsatz liegt Engelbert Strauss auf Platz zwei. Es folgen die Kwintet-Gruppe mit einem Umsatz von 78,8 Millionen Euro und Ahlers mit einem Umsatz von 66,2 Millionen Euro. (10), [Abb. 2]

Zahlen & Fakten

Abbildung 1: Die größten deutschen Textilhersteller 2011

Rang	Unternehmen	Produktionsschwerpunkt
1	Aunde	Garne/Gewebe/Ausrüstung/Masche/Technische Textilien
2	Daun-Gruppe	Garne/Gewebe/Ausrüstung/Masche/Heimtextili(Technische Textilien/
3	Freudenberg Nonwovens	Technische Textilien/Vliesstoffe
4	Borgers Gruppe	Technische Textilien/Teppiche
5	ERWO Holding AG	Garne/Gewebe
6	Sandler	Technische Textilien/Vliesstoffe
7	Textilgruppe Hof	Garne/Gewebe/Heimtextilien/ Technische Textilien/Teppiche
8	Wirth-Gruppe	Teppiche/Technische Textilien/Garne
9	EuroComfort Holding	Heimtextilien
10	Heimbach	Technische Textilien
11	BWF Group	Technische Textilien
12	Amann & Söhne	Nähgarne

Quelle: TextilWirtschaft Entnommen aus: Technische Textilien, 5/2012, S. 209, (6)

Schutzbekleidung

Rang	Unternehmen	Umsatz in Mio. Euro	
		2012	2011
1	Uvex Safety Textiles	238,6	218,7
2	Engelbert Strauss	100,0	k.A.
3	Kwintet-Gruppe	78,8	85,1
4	Ahlers	66,2	67,4
5	CWS-boco	60,4	k.A.
6	Planam	40,0	44,9
7	Kübler	40,0	34,0
8	Bierbaum-Proenen	38,3	40,0
9	FOL International	35,0	33,0
10	Gottfried Schmidt	30,0	30,0

Quelle: Klar-Text, Brannenburg Entnommen aus:
Technische Textilien, 3/2013, S. 86, (10)

Weiterführende Literatur

(1) Industrie ist für 2013 verhalten optimistisch
aus TextilWirtschaft 01 vom 03.01.2013 Seite 008

(2) Technische Textilien auf dem Vormarsch
aus www.textilwirtschaft.de vom 04.06.2013

aus www.textilwirtschaft.de vom 04.06.2013

(3) Technische Textilien: Im Inland stabil, international wachsend
aus Technische Textilien Nr. 02 vom 02.05.2013 Seite 037

(4) Frankreichs Textilbranche auf der Techtextil
aus Technische Textilien Nr. 03 vom 03.06.2013 Seite 155

(5) Konjunkturbericht Nr. 2 von 2013
aus Technische Textilien Nr. 03 vom 03.06.2013 Seite 155

(6) Die größten deutschen Textilhersteller
aus Technische Textilien Nr. 05 vom 29.11.2012 Seite 209

(7) Technik treibt Textiliten an
aus TextilWirtschaft 40 vom 04.10.2012 Seite 032 bis 033

(8) Sandler Weiteres Umsatzwachstum im Geschäftsjahr 2012
aus melliand Textilberichte Nr. 02 vom 07.06.2013 Seite 069

(9) Vliesstoffe: Funktion trifft Nachhaltigkeit
aus Technische Textilien Nr. 03 vom 03.06.2013 Seite 149

(10) 22. Umsatzrangliste Berufs- und

086

Impressum

Technische Textilien - Bedeutung für andere Industriezweige nimmt zu

Bibliografische Information der deutschen Nationalbibliothek

Die Deutsche Nationalbibliothek verzeichnet diese Publikation in der deutschen Nationalbibliografie; detaillierte bibliografische Daten sind im Internet über http://dnb.d-nb.de abrufbar.

ISBN: 978-3-7379-2929-5

© 2015 GBI-Genios Deutsche Wirtschaftsdatenbank GmbH, Freischützstraße 96, 81927 München, www.genios.de

Vervielfältigungen (Fotokopie/Mikroskopie), Übersetzungen, Auswertungen durch Datenbanken oder ähnliche Einrichtungen und die Einspeicherung und Verarbeitung in elektronischen Systemen.